Créditos de publicación

Dona Herweck Rice, *Jefa de redacción*
Lee Aucoin, *Directora creativa*
Conni Medina, M.A.Ed., *Directora editorial*
Kristy Stark, M.A.Ed., *Editora principal*
Torrey Maloof, *Editora*
Caroline Gasca, M.S.Ed., *Editora educativa asociada*
Kristine Magnien, M.S.Ed., *Editora educativa asociada*
Neri Garcia, *Diseñador principal*
Stephanie Reid, *Investigadora de fotografía*
Rachelle Cracchiolo, M.S.Ed., *Editora comercial*

Créditos de imágenes

tapa: Thinkstock; pág. 5, 6, 8, 12, 16, 28 Getty Images; pág. 3, 14, 19, 25, 38, 39 iStockphoto; todas las demás imágenes de Shutterstock.

Teacher Created Materials

5301 Oceanus Drive
Huntington Beach, CA 92649-1030
http://www.tcmpub.com
ISBN 978-1-4333-5334-5
© 2013 Teacher Created Materials, Inc.
Printed in Malaysia
Thumbprints.35816

Índice

S0-AQL-210

Querida familia 2

Hábitos y rutinas en la casa. 4

Las 10 cosas más importantes que su hijo de sexto grado debe saber 14

Actividades de artes del lenguaje 16

Actividades de matemáticas. . . . 26

Actividades de ciencias 30

Actividades de estudios sociales . . . 32

Aprendizaje sobre la marcha . . . 34

Diversión en familia. 38

¡Gracias! 40

Querida familia:

Según el sistema escolar de su área, su hijo de sexto grado está a punto de terminar la escuela primaria o acaba de comenzar la escuela secundaria. En cualquier caso, se trata de una época de cambios intensos, un proceso que resultará más fácil si se conserva el sentido del humor.

El cerebro de su hijo preadolescente aún continúa con la tarea de reprogramación que comenzó en el quinto grado. La parte arriesgada y emocional del cerebro se ha apoderado de la parte civilizada, pensativa y lógica. Su trabajo, aparte de recurrir a la parte paciente de *su* cerebro, consistirá en ayudar a su hijo preadolescente a atravesar el caos que invade su cuerpo.

Su hijo de sexto grado cambiará de clases con más frecuencia, interactuará con más maestros y se adaptará a grupos de compañeros que cambiarán de una hora a la otra. Esto puede hacer que las jornadas sean estimulantes y el hogar puede representar un refugio importante. Dedique un tiempo a averiguar cómo comunicarse con maestros que pueden tener 100 o más estudiantes. Los sitios web del maestro o de la escuela son especialmente útiles.

¡Pero este período de cambios también trae buenas noticias! Su hijo de sexto grado está más preparado para planificar con éxito, resolver problemas complejos, razonar y procesar información.

Una última idea...

Básicamente, este año su hijo caminará por la cuerda floja que une la niñez con la adultez. Esta cuerda floja representará el equilibrio entre la tolerancia hacia las decisiones no tan buenas que su hijo tomará y mantener a su hijo seguro y en el camino correcto.

¡Organícese!

Pida la ayuda de su hijo para establecer un sistema de administración del trabajo escolar. Puede ser algo simple, como cajas o cestas de entrada o salida. No importa qué escoja; implementar este sistema con su hijo de sexto grado ayudará a garantizar que se use.

Estas son algunas ideas para comenzar.

Mirar el calendario

Miren el calendario juntos todas las mañanas.

Planificador diario

Revise el planificador diario de su hijo después de la escuela todos los días. Así se mantendrá al día con lo que está sucediendo en la escuela.

Consultas al maestro

Establezca un sistema de comunicación periódica con el maestro principal o con el maestro de la materia pertinente a través de un planificador o un cuaderno para intercambiar comunicaciones.

Grandes expectativas

Repase las expectativas diarias y semanales demostrando buenos hábitos de planificación con sus propios dispositivos de planificación.

Una última idea...

Es posible que su hijo de sexto grado tenga tres o más maestros durante el día. Asistir a la noche de regreso a la escuela de su hijo lo ayudará a comprender las expectativas de cada maestro.

Dar
una mano: tarea

Un cambio de ritmo, y de lugar, puede ayudar a su hijo a afrontar el mayor volumen de tarea a medida que crece.

Estas son algunas ideas para comenzar.

Espacio para la tarea

Escoja un espacio en el que se produzcan pocas interrupciones. Pida a todos los integrantes de la familia que cuando se encuentren en el "espacio de la tarea" hagan alguna tarea de manera que no haya distracciones.

Revisión de la tarea

Revise la tarea periódicamente, especialmente si su hijo tiene dificultades en una materia en especial.

Divida las tareas

Dividir los proyectos en pasos razonables garantiza un menor estrés y un mejor producto.

Motivación

Mantenga al estudiante motivado elogiando su esfuerzo continuo sin importar qué calificación reciba. "¡Eres un ganador! ¡Bravo! ¡Me hubiera gustado escribir así a tu edad! ¡Qué listo… detallista… imaginativo… fascinante… inteligente…!"

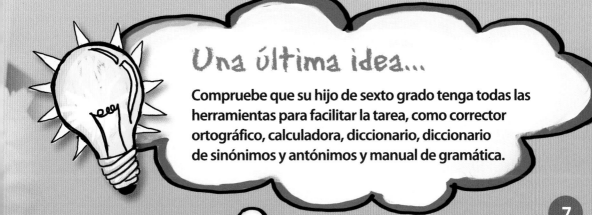

Una última idea...

Compruebe que su hijo de sexto grado tenga todas las herramientas para facilitar la tarea, como corrector ortográfico, calculadora, diccionario, diccionario de sinónimos y antónimos y manual de gramática.

Tomarse
tiempo para hablar

Quizás piense que su hijo preadolescente nunca lo escucha... y en raras ocasiones le habla. Si piensa que su hijo nunca escucha, solo espere. ¡Algún día escuchará cómo se repiten sus palabras con exactitud!

Intente algunas de estas ideas
para facilitar la conversación.

Conversaciones durante las actividades deportivas

Combine la conversación con una actividad física, como pasarse una pelota, correr, jugar al tenis o jugar al baloncesto.

Conversaciones sobre seguridad

Es posible que los estudiantes de secundaria sean testigos de casos de *bullying* o acoso, peleas o conflictos verbales. Use las noticias como punto de partida para conversar sobre actos violentos. Explique la importancia de tomar decisiones seguras, pero recuerde que su hijo preadolescente también necesita sentir que usted está haciendo todo lo posible para garantizar su seguridad. Recuérdele a su hijo que tiene lo que hace falta para tomar buenas decisiones.

Reuniones familiares

Cuando cada uno tiene su agenda ocupada, es difícil establecer una hora de reunión familiar, pero vale la pena. Mantenga un horario fijo y comience por señalar los logros de los integrantes de la familia. Luego, aproveche el espacio como un foro para conversar sobre algún asunto, queja, problema, objetivo y temas de esa clase.

Una última idea...

Si su hijo preadolescente actúa como si la conversación y los eventos familiares lo aburrieran, no lo tome a modo personal. En el mundo preadolescente, esa actitud de aburrimiento es, en parte, una postura. Introduzca la conversación de la mejor manera posible. Su hijo notará su presencia cuando le coloque las papas fritas delante.

Se acercan
momentos de sueño

Dormir el tiempo suficiente influye en el desempeño de su hijo en la escuela. La investigación demuestra que los patrones de sueño comienzan a modificarse a medida que los niños se acercan a la adolescencia. Aunque en la escuela secundaria y en la preparatoria las clases comienzan más temprano, el organismo de los estudiantes prefiere trasnochar más y dormir hasta más tarde por la mañana. Hacer que su hijo preadolescente se acueste a una hora razonable es más importante que nunca.

En el siguiente cuadro se indica qué cantidad de sueño necesitan los niños.

Edad	Sueño necesario
1 a 3 años	12–14 horas
3 a 5 años	11–13 horas
5 a 12 años	10–11 horas

Estos consejos ayudarán a su hijo de sexto grado a acostarse.

Las rutinas son importantísimas

Tenga un horario fijo para ir a la cama durante la semana. No varíe demasiado el horario los fines de semana.

A desconectarse

Apague el televisor, los videojuegos, la computadora y el teléfono celular antes de prepararse para acostarse.

A relajarse

Pida a su hijo que tome un baño o una ducha caliente antes de acostarse. Pero mantenga la habitación fresca para dormir.

Nada de azúcar

Evite los refrigerios con alto contenido de azúcar. En su lugar, prefiera los alimentos con alto contenido de carbohidratos. Evite los refrescos con cafeína. Reemplácelos por una taza de leche tibia o de té de hierbas.

Alarma

Configure la alarma y haga respetar el horario de levantarse para salir de la casa sin saltearse el desayuno ni haciendo las cosas a toda prisa.

Una última idea...

Si su hijo preadolescente tiene problemas persistentes con el sueño, consulte al médico en la próxima consulta de control. A veces tan solo un simple cambio puede marcar una gran diferencia.

¡Peligro!
Se acercan los exámenes

Al llegar a sexto grado, los cuestionarios y las pruebas cobran cada vez más importancia. Para algunos preadolescentes, los exámenes son una gran manera de lucirse. Es posible que otros jóvenes se sepan los contenidos del derecho y del revés, pero que se paralicen ante el examen. Estos son algunos consejos para que rendir un examen sea un poco más fácil.

Antes del examen

- Estudia un poco todos los días.

- Repasa el libro o el material.

- Toma notas sobre el material.

- Responde las preguntas de práctica.

- Repasa las notas.

- Conversa sobre el material con un compañero de estudios.

- Duerme bien por la noche.

- Toma un desayuno sano.

Durante el examen

- Escucha atentamente las instrucciones del maestro.

- Lee las instrucciones dos veces.

- Analiza el examen en general. Planifica para mantener un ritmo.

- Permanece pendiente del tiempo, pero mantén la calma.

- Responde en primer lugar las preguntas sobre las que estés seguro.

- Ocúpate de las preguntas más difíciles a continuación.

- Al completar la hoja de respuestas de un examen, comprueba que no te equivocaste en el orden.

- Si tienes tiempo, revisa las respuestas.

Una última idea...

¿Recuerda el proverbio chino que dice "El fracaso es el padre del éxito"? Ayude a su hijo preadolescente a ver cada examen como una experiencia de aprendizaje conversando sobre lo que salió bien (y lo que salió mal) durante el examen.

Las 10

cosas más importantes que su hijo de sexto grado debe saber

debe saber

1. Leer y comprender textos de **ficción, no ficción, obras teatrales y poemas**

2. Escribir y editar **trabajos de investigación y reflexión**

3. El significado de **palabras y frases desconocidas y con múltiples significados**

4. **Lenguaje figurativo, relaciones entre palabras y matices** en el significado de las palabras

5. **Conceptos sobre proporción** y razonamiento proporcional para resolver problemas

6. **Cuentas con números de varios dígitos** y búsqueda de factores y múltiplos comunes

7. **Aplicar las matemáticas** en expresiones algebraicas

8. Resolver **ecuaciones e inecuaciones con una variable**

9. Leer y comprender **textos técnicos/científicos** acordes al año escolar

10. Leer y comprender **textos sobre historia/estudios sociales** acordes al año escolar

Diversión con las
palabras

Nuestro idioma, el inglés, se encuentra en cambio constante. Adoptamos palabras de otros idiomas. Encontramos nuevos usos para las existentes.

• •

Explore *algunos de nuestros recursos de palabras más creativos* a través de estas ideas.

Epónimos

Las palabras derivadas del nombre de una persona se llaman *epónimos*. Desafíe a su hijo de sexto grado a descubrir el origen de estos epónimos: *bloomers, Frisbee, galletas Graham, mesmerizing* y *poinsettia*.

Topónimos

La próxima vez que salga a comer una hamburguesa, pida a su hijo de sexto grado que encuentre los topónimos. Se trata de palabras derivadas de nombres de lugares; por ejemplo, hamburguesa deriva de Hamburgo, ciudad de Alemania. Diviértanse descubriendo el origen de estos topónimos: *calico, cashmere, mackinaw, rhinestone* y salsa *Tabasco*.

Palabras apocopadas

Ayude a su hijo de sexto grado a advertir lo cambiante de nuestro idioma uniendo palabras apocopadas (acortadas) con sus formas originales. Intente encontrar el origen de estas palabras apocopadas: *ad, bike, champ, grad, pants, ref, van* y *vet*.

Una última idea...

Si habla otro idioma, busque cognados o palabras que sean similares en ambos idiomas, como *adult* en inglés y *adulto* en español.

Prácticas de
lectura

¿Recuerda el viejo chiste del turista que le pregunta a un transeúnte en Nueva York: "¿Cómo se llega a Carnegie Hall?"? Bueno, lo mismo es aplicable a "¿Cómo me convierto en un buen lector?" *Práctica, práctica y más práctica.*

Intente algunas de estas ideas para lograr que su hijo de sexto grado continúe leyendo.

Lectura compartida

La lectura compartida, por ejemplo, turnarse para leer una página o un capítulo en voz alta, es ideal para desarrollar habilidades de vocabulario y comprensión, así como para leer con fluidez y expresivamente.

Habilidades de comprensión

Pida a su hijo que reformule un fragmento con sus propias palabras y pídale que le explique las palabras difíciles.

Leer en voz alta

Pida a su hijo de sexto grado que lea en voz alta mientras usted anota ideas para conversar, palabras clave y preguntas. Luego cambien de roles.

Explore novelas

Explore novelas gráficas (historietas) junto a su hijo y pídale que escriba una.

Lectura en familia

Si su hijo preadolescente tiene que leer un libro especialmente difícil, léanlo en familia.

Una última idea...

Si su hijo preadolescente aún no tiene avidez por la lectura, continúe demostrándole el placer de la lectura leyendo.

Grandes
lecturas

Este año, si lee junto a su hijo de sexto grado, ¡es posible que decida que prefiere leer los libros que le pidieron que literatura para adultos! Si no lo cree, pruebe a leer alguno de estos libros.

Estas son algunas ideas para buscar libros.

- Venta de libros en bibliotecas
- Ventas con rebajas en librerías
- Ventas de objetos usados
- Intercambio de libros con vecinos

Aquí tiene algunos libros que su hijo de sexto grado quizá disfrute.

- *The Bad Beginning (A Series of Unfortunate Events),* por Lemony Snicket (seudónimo de Daniel Handler)

- *The Wreckers,* por Iain Lawrence

- *Percy Jackson and the Olympians,* por Rick Riordan

- *The Maze of Bones (The 39 Clues)* por Rick Riordan

- *Harry Potter and the Half-Blood Prince,* por J. K. Rowling

- *Esperanza Rising,* por Pam Muñoz Ryan

- *Holes,* por Louis Sachar

- *The Egypt Game,* por Zilpha Keatley Snyder

- *The Hobbit,* por J.R.R. Tolkien

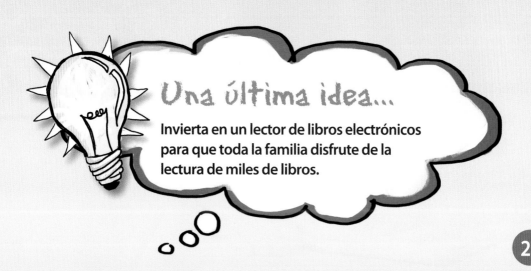

Una última idea...

Invierta en un lector de libros electrónicos para que toda la familia disfrute de la lectura de miles de libros.

Comienzos para la escritura

Alguna vez Thomas Mann dijo: "La tarea de un escritor consiste en ser capaz de convertir una idea en algo". Cuando les preguntan, muchos escritores profesionales confiesan que es mucho más fácil escribir algo que les piden que soñar algo.

Hoy, en el juego de softbol...

Inspire al joven escritor con alguno de estos comienzos para sus cuentos.

- Deseó no haber escuchado nunca ese mensaje.

- Antes de sacarlo, oyó fuertes pasos a sus espaldas.

- "Todas las respuestas están aquí. Lo sé," dijo.

- Una vez que atravesara la puerta, todo sería diferente.

- Apenas golpeé la pelota, me di cuenta de que habría problemas. Lo que no sabía era *de dónde* vendrían.

- "¡Te dije que no me dieras órdenes todo el tiempo!"

Una última idea...

El escritor se inspirará con antologías de cuentos como los de Donald R. Gallo.

Partes de palabras—
¡Combinemos!

Tener algunas habilidades para analizar palabras ayudará a su hijo de sexto grado a escribir bien y dominar las nuevas palabras de vocabulario. Esté atento a las partes de palabras que pueden analizarse, como estas.

• •

Prefijos

Estas partes de palabras, que se encuentran al principio de las palabras, dan a entender su significado.

Prefijo	Significado	Ejemplo
tri-	tres	tricycle
super-	más grande	superman
inter-	entre	intermission
dis-	contrario	disagree

Sufijos

Estas partes de palabras se encuentran al final de las palabras.

Sufijo	Significado	Ejemplo
-ology	estudio	ecology (estudio del ambiente)
-ist	persona que estudia	ecologist (persona que estudia ecología)
-phobia	miedo	arachnophobia (miedo a las arañas)

Los comparativos se forman agregando las terminaciones *-er* y *-est*.

Ejemplos			Regla
hard	harder	hardest	Solo se agrega *-er* o *-est*.
hot	hotter	hottest	Se repite la última consonante.
lame	lamer	lamest	Se omite la *e* final.
silly	sillier	silliest	La *y* se reemplaza por *i*.

La parte principal de la palabra es su raíz.

Raíces	Nuevas palabras		
min (pequeño)	minimum	minute	minus
nov (nuevo)	novice	novel	innovate
port (transportar)	portable	porter	transport
var (diferente)	vary	various	variety

Una última idea...

No olvide los juegos para formar palabras, como *Boggle* o *Scrabble*. Actualmente, muchos juegos de formación de palabras están disponibles en versiones electrónicas, ideales para practicar durante un viaje.

Las matemáticas
a nuestro alrededor

Su hijo de sexto grado ha adquirido muchas aptitudes básicas de matemáticas. Ha llegado el momento de demostrarle cómo usa usted las matemáticas en el mundo real.

• •

Use estas herramientas para desarrollar las aptitudes matemáticas de su hijo.

Hora de hacer un presupuesto

Pida la colaboración de su hijo de sexto grado en la preparación de algunas áreas de su presupuesto o pídale que prepare un presupuesto personal.

Juegos de matemáticas

Diviértanse con adivinanzas matemáticas para aguzar el pensamiento crítico.

Intente con las siguientes:

- ¿En qué se parece la luna a una manzana? (Las dos tienen cuartos).

- ¿Cuál es la diferencia entre una moneda nueva de un centavo y una moneda vieja de veinticinco centavos? (24 centavos)

- ¿Cuántas veces puedes restarle 5 a 25? (Una sola. Después de la primera vez, ya no es 25).

- Tengo dos monedas de los EE. UU. que suman 55 centavos. Una de ellas no es una moneda de cinco centavos. ¿Cuáles son las dos monedas que tengo? (Una de cincuenta centavos y otra de cinco centavos. La pregunta solo afirmaba que una de ellas no era de cinco centavos).

- ¿Cuántas pelotas puedes colocar en una cesta vacía? (Una... después deja de estar vacía).

Una última idea...

Este es un buen momento para asignarles tareas habituales en la cocina a sus hijos mayores. Aprenderán mucho sobre mediciones, a seguir instrucciones y a leer atentamente. ¡Y usted podrá descansar de la cocina!

Resolver
ecuaciones de un paso

Nuestro objetivo es despejar solamente la variable *x*. Siga estos pasos para resolver las ecuaciones de un paso.

1. Nuestro objetivo es despejar solamente la variable x.

$$x + 7 = 13$$

2. Para empezar, trace una línea vertical a la altura del signo igual. Esto le recordará que lo que hacemos a la izquierda, también tenemos que hacerlo a la derecha.

$$x + 7 = 13$$

3. Tenemos que hacer la operación inversa (opuesta). ¿Qué es lo opuesto de sumar 7? (restar 7)

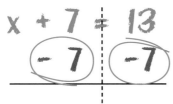

$$x + 7 = 13$$
$$-7 \quad -7$$

4. Complete el primer paso de las operaciones restando 7 de cada lado. Escriba la nueva ecuación.

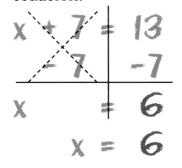

$$x + 7 = 13$$
$$-7 \quad -7$$
$$x = 6$$

$$x = 6$$

5. Verifique la respuesta reemplazando la *x* por el 6. ¿El lado izquierdo es igual al lado derecho?

$$6 + 7 = 13$$
$$13 = 13$$

Criar

un científico

En las escuelas, cada vez se presta más atención a la ciencia, la tecnología, la ingeniería y las matemáticas (que en inglés se conocen en conjunto con la sigla STEM). Aunque el programa de cada estado varía, su hijo aprenderá más sobre la Tierra al mismo tiempo que aplicará los mismos procesos que los científicos: observación, investigación y experimentación.

Considere la posibilidad de *intentar alguno de estos* experimentos para desarrollar la práctica de la observación.

Ciencia en la cocina

Coloque pequeños trozos de distintos alimentos (un gajo de naranja, una rebanada de pan, una zanahoria pequeña, etc.) en un recipiente desechable. Vierta un poco de agua sobre cada trozo y selle el recipiente. Déjelo en un lugar cálido. Contrólelo diariamente y observe en cuáles aparece moho y cambian de color primero. Registre los cambios durante aproximadamente dos semanas.

Pila de compostaje

Incluso a los niños de sexto grado les gusta ensuciarse para jugar. Prepare una pila de compostaje y use el material descompuesto obtenido para abonar una parte del jardín. Intente plantar el mismo tipo de planta en cada tipo de suelo; una en el suelo original y otra en el suelo con compostaje. Compare el crecimiento de las plantas.

Trate de resolver alguna de estas preguntas:

- La presión de aire, ¿influye en la altura de una pelota de baloncesto al rebotar?

- ¿La temperatura afecta la densidad de un líquido?

- En la noche, el color de una lámpara, ¿influye en la clase de insectos que atrae?

- ¿El tipo de suelo influye en la cantidad de agua que retiene?

- La fase de la luna, ¿influye en la altura de las mareas?

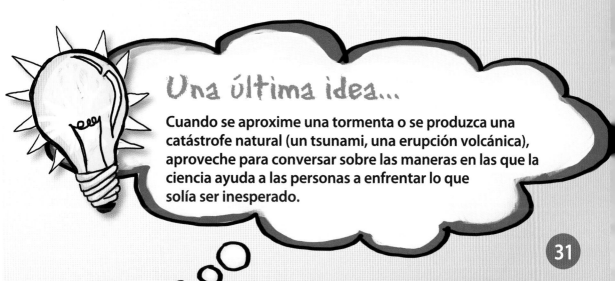

Una última idea...

Cuando se aproxime una tormenta o se produzca una catástrofe natural (un tsunami, una erupción volcánica), aproveche para conversar sobre las maneras en las que la ciencia ayuda a las personas a enfrentar lo que solía ser inesperado.

Nuestro
mundo

En muchos estados, los niños de sexto grado pasan de aprender historia de los EE. UU. a historia y geografía mundiales. Es posible que las materias se centren en una región específica del mundo, como el continente americano.

Una vez que conozca en qué se centran los puntos de aprendizaje de su hijo, *intente algunas de estas actividades.*

Ubicar países en el mapa

Ayude a su hijo a memorizar los países de una región averiguando quién es capaz de colocar con más rapidez los nombres y las capitales de los países en un mapa en blanco.

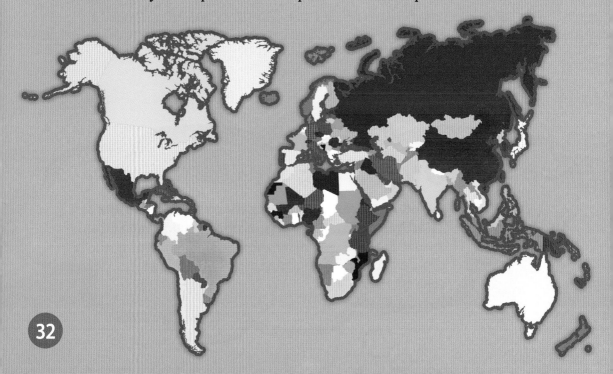

Acontecimientos actuales

Lean el periódico juntos para saber qué está sucediendo en los países que está estudiando su hijo. Sigan los temas políticos, las elecciones, el tiempo y otros temas similares, y compárenlos con acontecimientos del pasado.

Historia estadounidense versus historia del mundo

Preparen una línea de tiempo para comparar los principales acontecimientos de los últimos 200 años de la historia estadounidense con los últimos 200 años del país que se está estudiando en clase.

Famosos

Aproveche el momento de la cena para hablar sobre personas famosas de la historia mundial o de acontecimientos de actualidad.

Una última idea...

Busque oportunidades para "viajar en el sofá" a través de libros, la televisión, filmes e Internet. No *es exactamente* lo mismo que visitar todos esos países, pero le dará sentido a los países que está estudiando su hijo.

Después

de la escuela

Probablemente su hijo de sexto grado esté comenzando a interesarse más en pasar tiempo con amigos en lugar de en familia. Es parte normal del desarrollo de la independencia personal. El desafío para un padre consiste en garantizar que ese tiempo pasado con amigos sea productivo. Una manera de ayudar a ese proceso es dar a su hijo oportunidades de realizar actividades divertidas y supervisadas después de la escuela.

Tenga en cuenta *algunas de estas actividades.*

Clubes literarios

Los clubes literarios son una manera divertida de despertar interés en la lectura en los estudiantes. Su hijo de sexto grado puede recibir consejos sobre libros entretenidos y disfrutar de conversaciones sobre libros con otras personas.

Mantenerse activo

Aliente a su hijo de sexto grado a unirse a un equipo. Ya sea en un centro comunitario o en la escuela, es importante aprender a trabajar en equipo.

Inscribirse en un club

Las escuelas secundarias suelen ofrecer diversos clubes. Aliente a su hijo de sexto grado a inscribirse en uno. Esto lo ayudará a hacer nuevos amigos y a conocer estudiantes con los que comparte intereses similares.

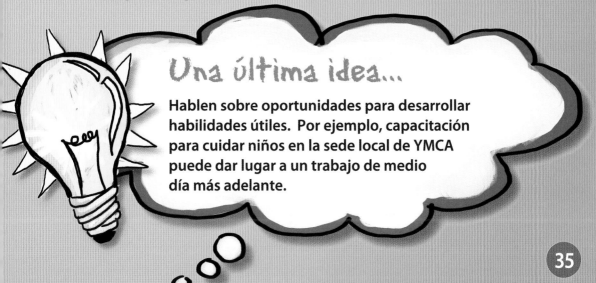

Una última idea...

Hablen sobre oportunidades para desarrollar habilidades útiles. Por ejemplo, capacitación para cuidar niños en la sede local de YMCA puede dar lugar a un trabajo de medio día más adelante.

Otra vez

en el camino

Debido a los vaivenes de la economía, algunas familias permanecen cerca de su hogar durante las vacaciones. Ya sea que pase sus vacaciones en casa, en la casa de un abuelo o en algún país exótico, mantenga a su hijo activo y aprendiendo.

Intente algunas de estas actividades para ocupar su tiempo libre.

Guía turístico

Designe a su hijo de sexto grado como responsable del viaje y pídale que haga de guía turístico. Si tiene varios hijos, haga que cada uno sea el guía un día diferente.

Presupuesto

Pida a su familia que busque una manera de ahorrar una cantidad determinada de dinero del presupuesto para darse un gusto al final.

Vacaciones educativas

Cree un objetivo para el viaje, ya sea cerca o lejos de casa. Recoja residuos, organice una venta de objetos usados para comprar suministros para un área carenciada, trabaje en el patio o pinte la casa de un anciano.

Registro

Anote los acontecimientos clave y prepare un libro de recortes al final del viaje.

Una última idea...

Es posible que su hijo de sexto grado prefiera quedarse en casa para poder estar junto a sus amigos. Este es el momento para mantener su participación activa, de manera de que siga habiendo buenas conversaciones y buenos momentos.

Del

trabajo al juego

La mejor manera de seguir divirtiéndose junto a su hijo preadolescente es averiguar qué funciona. Es posible que para ello deba alejarse un poco y observar con discreción cómo se divierte con sus compañeros.

Intente con algunas de estas ideas.

Videojuegos activos

Elija un videojuego para jugar juntos que les permita hacer algo de ejercicio.

Postas y carreras

Si a su hijo preadolescente le encanta andar en patineta o monopatín, organice juegos de postas y carreras con los vecinos.

Juegos de cartas

Jugar a juegos de cartas puede ser una habilidad para toda la vida. Entre los juegos divertidos para toda la familia se encuentran Uno, Corazones, Spades, Trivia o Apples to Apples.

Juegos recreativos

Aprendan juntos un nuevo deporte, como tenis, voleibol, bádminton, golf, pesca y otros similares.

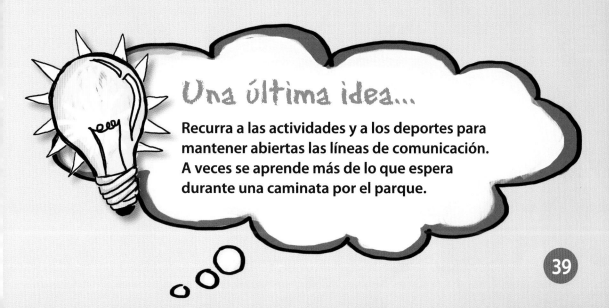

Una última idea...

Recurra a las actividades y a los deportes para mantener abiertas las líneas de comunicación. A veces se aprende más de lo que espera durante una caminata por el parque.

Querido padre:

Hasta este momento, ha dedicado muchos años a criar uno o más hijos. Se ha tomado un tiempo de su agenda ocupada para leer esta guía para padres, y esperamos que los consejos y las estrategias le resulten útiles. Siempre puede encontrar más ideas para ayudar a su hijo preadolescente investigando en Internet o conversando con otras personas, como líderes juveniles, maestros y bibliotecarios.

No olvide hacerse un hueco para ocuparse de sus intereses personales, o busque una nueva actividad para hacer junto a su hijo preadolescente. Es una manera genial de mantener vivas las líneas de comunicación y, además, de divertirse.
¡Que tenga un gran año!

¡Gracias!